Europäische Kommission

Verordnung (EU) Nr. 122/2013 der Kommission vom 12. Februar 2013

zur Änderung der Verordnung (EG) Nr. 1950/2006 zur Erstellung eines Verzeichnisses von für die Behandlung von Equiden wesentlichen Stoffen gemäß der Richtlinie 2001/82/EG [...]

AP
Antiphon Verlag

Europäische Kommission

Verordnung (EU) Nr. 122/2013 der Kommission vom 12. Februar 2013

zur Änderung der Verordnung (EG) Nr. 1950/2006 zur Erstellung eines Verzeichnisses von für die Behandlung von Equiden wesentlichen Stoffen gemäß der Richtlinie 2001/82/EG [...]

1. Auflage 2026 | ISBN: 978-3-38798-702-7

Antiphon Verlag ist ein Imprint der Antiquum Novum Verlag.

Verlag: Antiquum Novum Verlag UG (haftungsbeschränkt), Im Erlengrund 6a, 35510 Butzbach, Deutschland, info@antiquum-novum.de
Vertretungsberechtigt: E. Roepke, Zeilweg 44, 60439 Frankfurt, Deutschland
Druck: Libri Plureos GmbH, Friedensallee 273, 22763 Hamburg, Deutschland

II

(Rechtsakte ohne Gesetzescharakter)

VERORDNUNGEN

VERORDNUNG (EU) Nr. 122/2013 DER KOMMISSION

vom 12. Februar 2013

zur Änderung der Verordnung (EG) Nr. 1950/2006 zur Erstellung eines Verzeichnisses von für die Behandlung von Equiden wesentlichen Stoffen gemäß der Richtlinie 2001/82/EG des Europäischen Parlaments und des Rates zur Schaffung eines Gemeinschaftskodexes für Tierarzneimittel

(Text von Bedeutung für den EWR)

DIE EUROPÄISCHE KOMMISSION —

gestützt auf den Vertrag über die Arbeitsweise der Europäischen Union,

gestützt auf die Richtlinie 2001/82/EG des Europäischen Parlaments und des Rates vom 6. November 2001 zur Schaffung eines Gemeinschaftskodexes für Tierarzneimittel [1], insbesondere auf Artikel 10 Absatz 3,

in Erwägung nachstehender Gründe:

(1) Mit der Verordnung (EG) Nr. 1950/2006 der Kommission [2] wurde ein Verzeichnis der für die Behandlung von Equiden wesentlichen Stoffe erstellt, die — abweichend von Artikel 11 der Richtlinie 2001/82/EG — zur Schlachtung für den menschlichen Verzehr bestimmten Equiden verabreicht werden dürfen, sofern die Wartezeit mindestens sechs Monate beträgt.

(2) Durch die Verordnung (EG) Nr. 470/2009 des Europäischen Parlaments und des Rates vom 6. Mai 2009 über die Schaffung eines Gemeinschaftsverfahrens für die Festsetzung von Höchstmengen für Rückstände pharmakologisch wirksamer Stoffe in Lebensmitteln tierischen Ursprungs [3] wurde Artikel 10 Absatz 3 der Richtlinie 2001/82/EG dahingehend geändert, dass in das in dem Artikel genannte Verzeichnis von Stoffen — zusätzlich zu wesentlichen Stoffen — auch Stoffe aufgenommen wurden, die im Vergleich zu anderen für Equiden verfügbaren Behandlungsmethoden zusätzlichen klinischen Nutzen bringen (im Folgenden „Stoffe mit zusätzlichem klinischem Nutzen“).

(3) Ein Stoff sollte nur dann als „Stoff mit zusätzlichem klinischem Nutzen“ in das Verzeichnis aufgenommen werden, wenn er einen klinisch relevanten Vorteil auf der Grundlage verbesserter Wirksamkeit oder Sicherheit bietet oder aber einen bedeutenden Beitrag zur Behandlung leistet. Bewirkt werden kann dies unter anderem durch unterschiedliche Wirkungsweisen, unterschiedliche pharmakokinetische oder pharmakodynamische Profile, eine unterschiedliche Behandlungsdauer oder unterschiedliche Verabreichungswege.

(4) Im Anhang der Verordnung (EU) Nr. 37/2010 der Kommission vom 22. Dezember 2009 über pharmakologisch wirksame Stoffe und ihre Einstufung hinsichtlich der Rückstandshöchstmengen in Lebensmitteln tierischen Ursprungs [4] aufgeführte Stoffe sollten im Verzeichnis der wesentlichen Stoffe und der Stoffe mit zusätzlichem klinischem Nutzen nicht enthalten sein. Daher ist es erforderlich, das Verzeichnis im Anhang der Verordnung (EG) Nr. 1950/2006 dahingehend zu ändern, dass alle in der Verordnung (EU) Nr. 37/2010 gelisteten Stoffe aus dem Verzeichnis gestrichen werden.

(5) Des Weiteren ist es angezeigt, aus dem Verzeichnis im Anhang der Verordnung (EG) Nr. 1950/2006 eine Reihe von Stoffen, die dort als Alternativen zu den gelisteten Stoffen benannt sind, zu streichen, die für die Behandlung von Pferden nicht zur Verfügung stehen, weil sie weder als „wesentliche Stoffe“ oder als „Stoffe mit zusätzlichem klinischem Nutzen“ im Sinne der Verordnung (EG) Nr. 1950/2006 geführt werden noch im Anhang der Verordnung (EU) Nr. 37/2010 gelistet sind.

(6) Aufgrund von Änderungen der Rechtsvorschriften der Union seit dem Erlass der Verordnung (EG) Nr. 1950/2006 sollten die Bezugnahmen in der genannten Verordnung auf die einschlägigen Rechtsvorschriften zu Kontrollmechanismen für Equiden und zu Rückstandshöchstmengen aktualisiert werden.

(7) Das geänderte Verzeichnis im Anhang der vorliegenden Verordnung ist vom Ausschuss für Tierarzneimittel der Europäischen Arzneimittel-Agentur, die mit der Verordnung (EG) Nr. 726/2004 des Europäischen Parlaments und des Rates [5] errichtet wurde, einer wissenschaftlichen Beurteilung unterzogen worden.

---

[1] ABl. L 311 vom 28.11.2001, S. 1.
[2] ABl. L 367 vom 22.12.2006, S. 33.
[3] ABl. L 152 vom 16.6.2009, S. 11.
[4] ABl. L 15 vom 20.1.2010, S. 1.
[5] ABl. L 136 vom 30.4.2004, S. 1.

(8) Die Verordnung (EG) Nr. 1950/2006 sollte entsprechend geändert werden.

(9) Die in dieser Verordnung vorgesehenen Maßnahmen entsprechen der Stellungnahme des Ständigen Ausschusses für Tierarzneimittel —

HAT FOLGENDE VERORDNUNG ERLASSEN:

Artikel 1

Die Verordnung (EG) Nr. 1950/2006 wird wie folgt geändert:

1. Der Titel der Verordnung (EG) Nr. 1950/2006 erhält folgende Fassung:

„Verordnung (EG) Nr. 1950/2006 der Kommission vom 13. Dezember 2006 zur Erstellung eines Verzeichnisses von für die Behandlung von Equiden wesentlichen Stoffen und von Stoffen mit zusätzlichem klinischem Nutzen gemäß der Richtlinie 2001/82/EG des Europäischen Parlaments und des Rates zur Schaffung eines Gemeinschaftskodexes für Tierarzneimittel“.

2. Artikel 1 erhält folgende Fassung:

„*Artikel 1*

Das Verzeichnis der für die Behandlung von Equiden wesentlichen Stoffe (im Folgenden ‚wesentliche Stoffe‘) und der Stoffe, die im Vergleich zu anderen für Equiden verfügbaren Behandlungsmethoden zusätzlichen klinischen Nutzen bringen (im Folgenden ‚Stoffe mit zusätzlichem klinischem Nutzen‘), das abweichend von Artikel 11 der Richtlinie 2001/82/EG gültig ist, wird im Anhang dieser Verordnung festgelegt.“

3. In Artikel 2 erhält Unterabsatz 2 folgende Fassung:

„Stoffe mit zusätzlichem klinischem Nutzen dürfen für die spezifischen Erkrankungen, den Behandlungsbedarf oder die tierzüchterischen Zwecke gemäß diesem Anhang eingesetzt werden, wenn sie im Vergleich zu für Equiden zugelassenen Arzneimitteln oder Arzneimitteln gemäß Artikel 11 der Richtlinie 2001/82/EG einen klinisch relevanten Vorteil auf der Grundlage verbesserter Wirksamkeit oder Sicherheit bieten oder aber einen bedeutenden Beitrag zur Behandlung leisten.

Die im Anhang aufgeführten Alternativen werden für die Zwecke des ersten und des zweiten Absatzes berücksichtigt.“

4. Die Artikel 3 und 4 erhalten folgende Fassung:

„*Artikel 3*

(1) Wesentliche Stoffe und Stoffe mit zusätzlichem klinischem Nutzen dürfen nur in Einklang mit Artikel 10 Absatz 1 der Richtlinie 2001/82/EG verwendet werden.

(2) Die Einzelheiten einer Behandlung mit wesentlichen Stoffen sind entsprechend den Anweisungen in Abschnitt IX des Dokuments zur Identifizierung von Equiden gemäß der Verordnung (EG) Nr. 504/2008 der Kommission (*) anzugeben.

Artikel 4

Stoffe, die in eines der Verzeichnisse im Anhang der Verordnung (EU) Nr. 37/2010 der Kommission (**) aufgenommen wurden oder deren Verwendung für Equiden durch das EU-Recht untersagt ist, dürfen nicht mehr für die Zwecke dieser Verordnung verwendet werden.

(*) ABl. L 149 vom 7.6.2008, S. 3.
(**) ABl. L 15 vom 20.1.2010, S. 1.“

5. Artikel 5 Absatz 2 erhält folgende Fassung:

„(2) Ersuchen Mitgliedstaaten oder veterinärmedizinische Berufsverbände die Kommission um eine Änderung des im Anhang festgelegten Verzeichnisses, begründen sie ihren Antrag hinreichend und fügen ihm alle verfügbaren sachdienlichen wissenschaftlichen Daten bei.“

6. Der Anhang der Verordnung (EG) Nr. 1950/2006 erhält die Fassung des Anhangs der vorliegenden Verordnung.

Artikel 2

Diese Verordnung tritt am dritten Tag nach ihrer Veröffentlichung im *Amtsblatt der Europäischen Union* in Kraft.

Diese Verordnung ist in allen ihren Teilen verbindlich und gilt unmittelbar in jedem Mitgliedstaat.

Brüssel, den 12. Februar 2013

Für die Kommission
Der Präsident
José Manuel BARROSO

ANHANG

„ANHANG

Verzeichnis der zur Behandlung von Equiden wesentlichen Stoffe und der Stoffe, die im Vergleich zu anderen für Equiden verfügbaren Behandlungsmethoden zusätzlichen klinischen Nutzen bringen

Die Wartezeit für jeden in diesem Verzeichnis geführten Stoff beträgt sechs Monate.

Indikation	Stoff	Begründung und Erläuterung des Gebrauchs
Narkotika, Analgetika und Stoffe, die in Verbindung mit Narkotika eingesetzt werden		
Sedierung und Prämedikation (sowie Antagonisten)	Acepromazin	Zweck: Prämedikation einer Vollnarkose, schwache Sedierung. Alternativen: Detomidin, Romifidin, Xylazin, Diazepam, Midazolam. Spezifische Vorteile: Acepromazin verringert nachweislich die Gefahr des Narkosetodes. Die Wirkungsweise (auf das limbische System) und die einzigartige Sedierungsqualität sind mit als α-2-Agonisten wirkenden Sedativa (Detomidin, Romifidin und Xylazin) oder Benzodiazepinen (Diazepam, Midazolam) nicht erzielbar.
	Atipamezol	Zweck: α-2-Adrenoceptor-Antagonist zur Umkehr der Wirkung von α-2-Agonisten. Alternativen: keine bekannt. Spezifische Vorteile: nur zur Behandlung hypersensibler Individuen und bei Überdosierung; Notfallmedizin; spezifische Anwendung bei Atemdepression.
	Diazepam	Zweck: Vorbereitung und Einleitung der Narkose. Schwache Beruhigungswirkung (Benzodiazepin) mit geringen kardiovaskulären und respiratorischen Nebenwirkungen. Krampflösend; wesentlich zur Behandlung von Krämpfen. Alternativen: Acepromazin, Detomidin, Romifidin, Xylazin, Midazolam, Primidon, Phenytoin. Spezifische Vorteile: nach heutigem medizinischem Stand ein wesentlicher Bestandteil der Protokolle zur Narkoseeinleitung, insbesondere bei Pferden. Verwendung mit Ketamin bei der Anästhesieeinleitung, wodurch eine wesentliche Erschlaffung erreicht wird, die einen glatten Einleitungsverlauf samt Intubation ermöglicht. Wirkungsweise (wirkt am GABA-Rezeptor) und einzigartige Beruhigung ohne kardiorespiratorische Depression, die mit den als α-2-Agonisten wirkenden Sedativa (Detomidin, Romifidin und Xylazin) oder Acepromazin nicht erzielbar ist.
	Flumazenil	Zweck: intravenöser Benzodiazepin-Antagonist. Umkehrung der Wirkung von Benzodiazepin in der Erholungsphase nach intravenöser Vollnarkose. Alternativen: Sarmazenil. Spezifische Vorteile: andere Wirkungsweise als Sarmazenil, bietet zusätzliche Möglichkeiten der Umkehrung der Benzodiazepin-Wirkung nach intravenöser Vollnarkose. Sarmazenil wirkt als partieller Benzodiazepin-Rezeptor-Antagonist, während es sich bei Flumazenil um einen Antagonisten handelt, der die Benzodiazepin-Bindungsstelle des GABA-Rezeptors durch kompetitive Interaktion blockiert.
	Midazolam	Zweck: Vorbereitung und Einleitung der Narkose. Schwache Beruhigungswirkung (Benzodiazepin) mit geringen kardiovaskulären und respiratorischen Nebenwirkungen. Krampflösend; zur Behandlung von Krämpfen, besonders bei erwachsenen Pferden mit Tetanus.

Indikation	Stoff	Begründung und Erläuterung des Gebrauchs
		Alternativen: Acepromazin, Detomidin, Romifidin, Xylazin, Diazepam, Primidon, Phenytoin. Spezifische Vorteile: ähnlich dem Diazepam, jedoch wasserlöslich, deshalb für intravenöse Injektionen geeignet und wesentlich für intravenöse Infusionen zusammen mit Narkosemitteln. Kürzere Wirkungsdauer als bei Diazepam. Für Fohlen besser geeignet als Diazepam. Krampflösend; zur Behandlung von Krämpfen, besonders bei erwachsenen Pferden mit Tetanus wegen der Wasserlöslichkeit besser als Diazepam zur mehrtägigen Verabreichung geeignet. Anwendung mit Ketamin bei der Anästhesieeinleitung, wodurch eine wesentliche Erschlaffung erreicht wird, die einen glatten Einleitungsverlauf samt Intubation ermöglicht. Wirkungsweise (wirkt am GABA-Rezeptor) und einzigartige Beruhigung ohne kardiorespiratorische Depression, die mit den als α-2-Agonisten wirkenden Sedativa (Detomidin, Romifidin und Xylazin) oder Acepromazin nicht erzielbar ist.
	Naloxon	Zweck: Opioid-Gegenmittel, Notfallmedizin. Alternativen: keine bekannt. Spezifische Vorteile: keine Alternativen vorhanden.
	Propofol	Zweck: intravenöses Narkotikum. Narkoseeinleitung bei Fohlen. Alternativen: Sevofluran oder Isofluran. Spezifische Vorteile: rasch ausgeschiedenes injizierbares Narkosemittel. Jüngsten Berichten zufolge hinsichtlich der kardiovaskulären Stabilität und der Qualität der Erholung den Inhalationsnarkotika weit überlegen.
	Sarmazenil	Zweck: Antagonist von Benzodiazepinen. Alternativen: Flumazenil. Spezifische Vorteile: erforderlich zur sauberen Umkehrung der Sedierung mit Benzodiazepinen nach Infusion bei intravenöser Vollnarkose. Verglichen mit anderen in Frage kommenden wesentlichen Stoffen ist bei Sarmazenil die klinische Erfahrung am größten.
	Tiletamin	Zweck: ähnlich dem Ketamin ein dissoziativ wirkendes Anästhetikum, das besonders in der Anästhesie unter Feldbedingungen eingesetzt wird. Wird in Kombination mit Zolazepam angewendet. Alternativen: Ketamin. Spezifische Vorteile: Die Anwendung in Kombination mit Zolazepam ist wesentlich in Fällen, in denen der Einsatz von Inhalationsnarkotika unmöglich ist, wie etwa bei der Anästhesie unter Feldbedingungen. Eine Kombination ist auch dann wesentlich, wenn eine Anästhesie mit Ketaminkombinationen von zu kurzer Dauer wäre. Typische Anwendungen sind Kastrationen, Laryngotomien, Periost-Stripping, Exzision von Zysten oder Knoten, Behandlung von Knochenfrakturen im Kopfbereich, Anbringen von Gipsverbänden und Behandlung von Nabelbrüchen.
	Zolazepam	Zweck: Benzodiazepin-Beruhigungsmittel, das besonders in der Anästhesie unter Feldbedingungen in Kombination mit Tiletamin eingesetzt wird. Alternativen: Diazepam oder Midazolam. Spezifische Vorteile: Benzodiazepin-Beruhigungsmittel, das länger als Diazepam oder Midazolam wirkt. Die Anwendung mit Tiletamin ist wesentlich in Fällen, in denen der

Indikation	Stoff	Begründung und Erläuterung des Gebrauchs
		Einsatz von Inhalationsnarkotika unmöglich ist, wie etwa bei der Anästhesie unter Feldbedingungen. Eine Kombination ist auch dann wesentlich, wenn eine Anästhesie mit Ketaminkombinationen von zu kurzer Dauer wäre. Typische Anwendungen sind Kastrationen, Laryngotomien, Periost-Stripping, Exzision von Zysten oder Knoten, Behandlung von Knochenfrakturen im Kopfbereich, Anbringen von Gipsverbänden und Behandlung von Nabelbrüchen.
Hypotonie oder Atmungsstimulation während Narkose	Dobutamin	Zweck: Behandlung von Hypotonie während einer Narkose. Alternativen: Dopamin. Spezifische Vorteile: positive inotrope Therapie, wahrscheinlich häufiger als Dopamin eingesetzt, je nach Präferenz. In der Narkose tritt bei Pferden meist Hypotonie auf; die Erhaltung eines normalen Blutdrucks verringert nachweislich das Auftreten einer schweren postoperativen Rhabdomyolyse. Dobutamin ist bei der Narkose von Pferden mit Inhalationsnarkotika unverzichtbar.
	Dopamin	Zweck: Behandlung von Hypotonie während einer Narkose. Alternativen: Dobutamin. Spezifische Vorteile: Dopamin wird bei Pferden, bei denen Dobutamin unwirksam ist, eingesetzt. Bei Fohlen wird Dopamin dem Dobutamin vorgezogen. Wird außerdem eingesetzt zur Behandlung von intraoperativen Bradyarrhythmien, die nicht auf Atropin ansprechen.
	Ephedrin	Zweck: Behandlung von Hypotonie während einer Narkose. Alternativen: Dopamin, Dobutamin. Spezifische Vorteile: wird bei Unwirksamkeit von Dopamin und Dobutamin eingesetzt. Einzigartiges sympathomimetisches Agens, dem Adrenalin strukturverwandt. Ohne Rückgriff auf verschiedene Katecholamine, die jeweils an einem bestimmten Rezeptortyp aktiv sind, kommt die nützliche Wirkung von Katecholaminen beim Pferd nicht zur Geltung. Daher wird Ephedrin, das die Ausschüttung von Noradrenalin an den Nervenendigungen bewirkt und somit die Kontraktionskraft des Herzens steigert und der Hypotonie entgegenwirkt, bei Unwirksamkeit von Dobutamin und Dopamin eingesetzt. Ephedrin wirkt minuten- bis stundenlang nach einer einzigen intravenösen Injektion, während Dobutamin und Dopamin nur während Sekunden oder Minuten wirken und durch Infusion verabreicht werden müssen.
	Glycopyrrolat	Zweck: Vorbeugung gegen Bradycardie. Wirkt anticholinerg. Anticholinergika sind Grundarzneimittel zur Verhinderung parasympathischer Effekte, wie etwa der Bradycardie, und gehören zur Routine bei chirurgischen Eingriffen am Auge und an den Atemwegen. Alternativen: Atropin. Spezifische Vorteile: Glycopyrrolat besitzt nur eine eingeschränkte zentrale Wirkung und ist für Pferde, die bei Bewusstsein sind (vor und nach einer Narkose) besser geeignet als Atropin.
	Noradrenalin (Norepinephrin)	Zweck: Herz-Kreislauf-Versagen. Infusion zur Behandlung von Herz-Kreislauf-Versagen bei Fohlen. Alternativen: keine bekannt. Spezifische Vorteile: Das Katecholamin-Rezeptorprofil des Tiers reagiert präzise auf Arzneimittel, die an verschiedenen Orten wirksam sind. Daher wird eine Reihe von Katecholaminen eingesetzt, die an verschiedenen adrenergen Rezeptoren mehr oder minder ausschließlich wirksam sind, um

Indikation	Stoff	Begründung und Erläuterung des Gebrauchs
		eine präzise Wirkung zu erzielen. Noradrenalin wirkt überwiegend auf α-1-Rezeptoren und verengt die Arteriolen, wodurch sich der Blutdruck erhöht und der zentrale Blutkreislauf aufrechterhalten bleibt. Bei Fohlen ist Noradrenalin meist das einzige Katecholamin, das bei Hypotonie wirksam ist.
Analgesie	Buprenorphin	Zweck: Analgetikum, das gemeinsam mit Sedativa zum Zweck der Beruhigung eingesetzt wird. Alternativen: Butorphanol, Fentanyl, Morphin und Pethidin. Spezifische Vorteile: partiell μ-agonistisch wirkendes Opioid-Analgetikum. μ-Rezeptorenaktivität ergibt eine bessere Analgesie als κ-agonistisch wirkende Opioide wie etwa Butorphanol. Analgetikum mit langer Wirkdauer. Dank der partiell agonistischen Wirksamkeit besteht nur ein beschränktes Risiko einer Sucht oder Atemdepression. Opioide mit langer oder kurzer Wirkdauer haben unterschiedliche Indikationen; daher muss mehr als ein alternativer Stoff zur Auswahl stehen.
	Fentanyl	Zweck: Analgesie. Alternativen: Butorphanol, Buprenorphin, Morphin und Pethidin. Spezifische Vorteile: μ-agonistisch wirkendes Opioid; μ-Rezeptorenaktivität ergibt eine bessere Analgesie als κ-agonistisch wirkende Opioide wie etwa Butorphanol. Sehr kurze Wirkdauer wegen schneller Metabolisierung und Ausscheidung. Fentanyl ist das einzige bei Pferden eingesetzte Opioid, das sich zur Infusion und für Hautpflaster eignet. Hochwirksam gegen Schmerzen.
	Morphin	Zweck: Analgesie. Alternativen: Butorphanol, Buprenorphin, Pethidin und Fentanyl. Spezifische Vorteile: rein μ-agonistisch wirkendes Opioid-Analgetikum. μ-Rezeptorenaktivität kennzeichnet die besten Analgetika. Einsatz gemeinsam mit Sedativa zum Zweck der Beruhigung, Einsatz als Epiduralanästhetikum. Analgetikum mit mittlerer Wirkdauer. Morphin ist das μ-agonistisch wirkende Opioid mit der besten Löslichkeit für epidurale Anwendungen. Die Analgesie hält lange an und hat in dieser Verabreichung kaum systemische Wirkungen. Wird in der modernen Tiermedizin verbreitet eingesetzt, um schwere perioperative und chronische Schmerzen zu behandeln.
	Pethidin	Zweck: Analgesie. Alternativen: Butorphanol, Buprenorphin, Morphin und Fentanyl. Spezifische Vorteile: μ-agonistisch wirkendes Opioid-Analgetikum, das zehnmal weniger wirksam ist als Morphin. Ein Opioid von kurzer Wirkdauer, das sich zur Behandlung spastischer Koliken bei Pferden als wirksam erwiesen hat. Einziges Opioid mit spasmolytischen Eigenschaften. Bewirkt bei Pferden eine stärkere Sedierung und geringere Erregung als andere Opioide.
Muskelrelaxantien und Begleitstoffe	Atracurium	Zweck: Muskelerschlaffung während der Narkose. Alternativen: Guaifenesin. Spezifische Vorteile: nicht depolarisierender neuromuskulärer Blocker. Neuromuskuläre Blocker werden insbesondere in der Augen- und tiefen Bauchchirurgie eingesetzt. Zur Wirkungsumkehrung wird Edrophonium gebraucht. Atracurium und Edrophonium werden durch umfangreiche klinische Daten untermauert.

Indikation	Stoff	Begründung und Erläuterung des Gebrauchs
	Edrophonium	Zweck: Umkehr der Muskelerschlaffung durch Atracurium. Alternativen: keine bekannt. Spezifische Vorteile: Cholinesterase-Inhibitor, wesentlich zur Umkehr des neuromuskulären Blocks. Edrophonium hat von allen Cholinesterase-Inhibitoren bei Pferden die geringsten Nebenwirkungen.
	Guaifenesin	Zweck: Muskelerschlaffung während der Narkose. Alternativen: Atracurium. Spezifische Vorteile: wesentliche Alternative zur Anwendung von α-2-Agonisten/Ketamin bei Pferden, bei denen α-2-Agonisten und Ketamin kontraindiziert sind, z. B. wegen fehlender oder nachteiliger Wirkung bei einer früheren Verabreichung. Unverzichtbar in Kombination mit Ketamin und α-2-Agonisten zur besonders sicheren Anästhesie unter Feldbedingungen für den Fall, dass es keine anderen intravenösen Methoden gibt.
Inhalationsnarkotika	Sevofluran	Zweck: Inhalationsnarkotikum bei Gliedmaßenfrakturen und anderen orthopädischen Verletzungen beim Pferd sowie Maskeneinleitung der Narkose bei Fohlen. Alternativen: Isofluran. Spezifische Vorteile: Sevofluran ist ein Inhalationsnarkotikum mit geringer Metabolisierung und rascher Ausscheidung. Obwohl es in der EU eine Höchstmenge (MRL) für Isofluran gibt, ist dieser Stoff wegen seiner Erholungsmerkmale nicht für alle Narkosen beim Pferd geeignet, weil sich das Pferd bei Erregung ein Bein brechen kann. Sevofluran ist für bestimmte chirurgische Eingriffe beim Pferd wesentlich, wenn eine unproblematische Erholung erwünscht ist, da es bekanntlich eine glatter verlaufende, besser kontrollierte Erholung erzielt. Deshalb wird es bei Gliedmaßenfrakturen und anderen orthopädischen Verletzungen dem Isofluran vorgezogen. Außerdem ist Sevofluran wesentlich zur Maskeneinleitung der Narkose bei Fohlen, weil im Gegensatz zu Isofluran, das Husten und Atemanhalten auslöst, jegliche irritierende Wirkung fehlt.
Lokalanästhetika	Bupivacain	Zweck: Lokalanästhesie. Alternativen: Lidocain. Spezifische Vorteile: Lokalanästhetikum mit lang anhaltender Wirkdauer. Langanhaltende Wirkdauer ist erforderlich für perioperative Analgesie und die Behandlung chronischer schwerer Schmerzen, zum Beispiel bei Laminitis. Bupivacain ist ein Lokalanästhetikum mit längerer Wirkdauer als das für gewöhnlich verwendete Lidocain. Lidocain alleine ermöglicht eine Lokalanästhesie von etwa einer Stunde Dauer. Die Zugabe von Adrenalin verlängert die Wirkung auf zwei Stunden, erhöht aber die Gefahr der Unterbrechung der örtlichen Blutversorgung, so dass diese Kombination für etliche Erkrankungen ungeeignet ist. Bupivacain ermöglicht eine 4 bis 6 Stunden anhaltende Lokalanästhesie und ist zur postoperativen Analgesie und zur Behandlung von Laminitis besser geeignet, da oft nur eine Injektion ausreicht; dies ist für das Wohlergehen des Tieres besser als stündliche Injektionen mit Lidocain. Kürzer wirkende Lokalanästhetika sind daher für den hier geschilderten Fall ungeeignet, denn sie müssen wiederholt mit Injektionen aufgefrischt werden, mit gesteigertem Risiko für Nebenwirkungen, und sind für das Wohlergehen des Tieres inakzeptabel.
	Oxybuprocain	Zweck: Lokalanästhetikum für Eingriffe am Auge. Alternativen: keine bekannt.

Indikation	Stoff	Begründung und Erläuterung des Gebrauchs
		Spezifische Vorteile: Verglichen mit anderen in Frage kommenden wesentlichen Stoffen ist bei Oxybuprocain die klinische Erfahrung am größten.
	Prilocain	Zweck: Lokalanästhetikum zum Setzen eines intravenösen Katheters. Alternativen: keine bekannt. Spezifische Vorteile: in speziellen Zubereitungen (eutektische Mischung verschiedener Lokalanästhetika) zur örtlichen Anwendung auf der Haut, wo sie in 40 Minuten intradermal absorbiert werden. Zur Erleichterung des Setzens eines intravenösen Katheters, besonders bei Fohlen.
Entzündungshemmende Stoffe		
Kortikosteroide	Triamcinolonacetonid	Zweck: intraartikuläre Medikation bei degenerativer Arthrose und Osteoarthritis. Alternativen: Methylprednisolon. Spezifische Vorteile: andere zelluläre und biosynthetische Wirkungen als bei der Alternative Methylprednisolon; Triamcinolon ist chondroprotektiv und fördert die Knorpelregeneration. Wirksamer als systemische Behandlungen (nicht steroidale entzündungshemmende Mittel und Chondroitinsulfat) und andere intraartikuläre Behandlungen (ohne Kortikosteroide) bei Gelenkentzündungen, Schmerzen und Lahmen bei akuter und chronischer Arthrose, insbesondere degenerativer Arthrose und Osteoarthritis. Einzig wirksame nicht chirurgische Behandlung bei subchondralen Knochenzysten.
	Flumetason	Zweck: Kurzzeitige systemische Kortikosteroid-Therapie, einschließlich Therapien gegen Prellungen, Entzündungen und Allergien. Alternativen: Dexamethason, Prednisolon. Spezifische Vorteile: andere klinische Wirkungen als bei den Alternativen, mit schnellerem Wirkungseintritt, längerer Wirkungsdauer und stärkerer Wirksamkeit. Andere Wirkungsweise als bei den Alternativen (keine nennenswerte mineralkortikoide Aktivität).
Anti-Endotoxine	Pentoxifyllin	Zweck: systemische und orale Behandlung von Endotoxämie. Laminitis. Alternativen: Flunixin, Acepromazin. Spezifische Vorteile: Endotoxämie: andere Wirkungsweise (methyliertes Xanthin-Derivat, wirkt als Phosphodiesterase-Hemmer) und andere klinische Wirkungen als bei der Alternative (Flunixin). Verringert die Freisetzung entzündungsfördernder Zytokine und Leukotriene aus Makrophagen und Neutrophilen über Endotoxine, reduziert die systemische Reaktion auf Endotoxine. Laminitis: andere Wirkungsweise bezüglich der Verbesserung des Blutflusses zum Huf als bei der Alternative (Acepromazin); verringert die Blutviskosität und verbessert den Blutfluss zum Huf.
	Polymyxin B	Zweck: systemische Behandlung bei Endotoxämie in Verbindung mit schweren Koliken und anderen gastrointestinalen Krankheiten. Alternativen: Flunixin, basisches Bismutsalicylat. Spezifische Vorteile: andere Wirkungsweise (endotoxinbindende Wirkung) als bei der systemischen Alternative (Flunixin), die Wirkung setzt früher in der durch die Endotoxine angestoßenen Kaskade ein. Anderer Bindungsmechanismus, anderer Verabreichungsweg und anderer Wirkungsort als bei der oralen Alternative Bismut. Unterstützt die Verhinderung der Aktivierung einer Enzündungskaskade durch die Bindung von Endotoxinen und die Inhibition der Bindung an Toll-ähnliche Rezeptoren (TLR).

Indikation	Stoff	Begründung und Erläuterung des Gebrauchs
Kardiovaskuläre Arzneimittel		
	Amiodaron	Zweck: wirkt einer Arrhythmie entgegen. Systemische und orale Behandlung bei Vorhofflimmern, supraventrikulärer und ventrikulärer Tachykardie. Alternativen: Chinidinsulfat, Procainamid, Propanolol. Spezifische Vorteile: andere Wirkungsweise als bei den Alternativen (Antiarrhythmikum der Klasse III). Neuen Erkenntnissen zufolge ist Amiodaron bei Vorhofflimmern wirksam und sicher und besser als die Alternative Chinidinsulfat; wirksam bei verschiedenen Arten von Arrhythmien einschließlich ventrikulärer Arrhythmien.
	Allopurinol	Zweck: Behandlung von Schäden durch Ischämie-Reperfusion bei neugeborenen Fohlen. Alternativen: Vitamin E. Spezifische Vorteile: andere Wirkungsweise als bei der Alternative zur Behandlung von Reperfusionsschäden; Allopurinol ist ein Xanthinoxidase-Hemmer, der die Produktion freier Radikale während der Reperfusion nach einer Ischämie hemmt.
	Vasopressin	Zweck: Behandlung eines Kreislaufkollapses bei Fohlen und adulten Tieren. Alternativen: Dopamin/Dobutamin Epinephrin. Spezifische Vorteile: spezifischer V1-Rezeptor-Agonist. Hat eine andere Wirkungsweise als die übrigen zugelassenen Stoffe, die den Blutdruck regulieren: Epinephrin (adrenergischer Rezeptoragonist) und Dopamin/Dobutamin (D1-5-Rezeptoren, die die Herzleistung und die Muskelspannung der Blutgefäßwände regulieren). Wird eingesetzt, wenn mit Dopamin/Dobutamin und Epinephrin kein Erfolg erzielt wurde und ein alternativer pharmakologischer Ansatz nötig ist.
	Digoxin	Zweck: Behandlung von Herzversagen. Alternativen: keine bekannt. Spezifische Vorteile: Digoxin ist zudem das einzige Mittel zur Behandlung der Nebenwirkungen einer Chinidinbehandlung.
	Chinidinsulfat und Chinidingluconat	Zweck: Behandlung von Herzrhythmusstörungen. Alternativen: Procainamid, Propanolol. Spezifische Vorteile: wirkt einer Arrhythmie entgegen. Wird zwar selten eingesetzt, hat aber therapeutische Bedeutung; verschiedene Typen von Arrhythmien erfordern unterschiedliche Wirkweisen. Mittel der Wahl bei Vorhofflimmern.
	Procainamid	Zweck: Behandlung von Herzrhythmusstörungen. Alternativen: Chinidinsulfat und Chinidingluconat, Propanolol. Spezifische Vorteile: wirkt einer Arrhythmie entgegen. Wird zwar selten eingesetzt, hat aber therapeutische Bedeutung; verschiedene Typen von Arrhythmien erfordern unterschiedliche Wirkweisen.
	Propranolol	Zweck: Behandlung von Herzrhythmusstörungen. Alternativen: Chinidinsulfat und Chinidingluconat, Procainamid. Spezifische Vorteile: Anti-Hypertonie-Mittel, das verwendet wird, weil es außerdem Herzrhythmusstörungen entgegenwirkt. Wird zwar selten eingesetzt, hat aber therapeutische Bedeutung. Wegen der unterschiedlichen Pathophysiologie

Indikation	Stoff	Begründung und Erläuterung des Gebrauchs
		von Arrhythmien ist es wichtig, eine Reihe von Arzneimitteln mit unterschiedlicher Wirkungsweise zur Verfügung zu haben, um eine spezielle Störung behandeln zu können. Diese Arzneimittel werden meist nur einmal angewandt, um den normalen Rhythmus wiederherzustellen; nur selten muss die Behandlung wiederholt werden.
Krämpfe		
	Phenytoin	Zweck: Krampfbehandlung bei Fohlen; Behandlung der Rhabdomyolyse; Behandlung vom Hahnentritt. Alternativen: Diazepam, Primidon, Dantrolennatrium (gegen Rhabdomyolyse). Spezifische Vorteile: wichtiges Antikrampfmittel bei Fohlen. Phenytoin wird allgemein zur Behandlung von Krämpfen gemeinsam mit Primidon/Phenobarbital eingesetzt, wenn letztere die Krämpfe nicht beenden. Phenytoin blockiert die Calciumkanäle und ist für die Behandlung wiederkehrender Formen der Rhabdomyolyse nützlich.
	Primidon	Zweck: Krampfbehandlung bei Fohlen. Alternativen: Diazepam, Phenytoin. Spezifische Vorteile: Primidon ist nachfolgend auf eine Diazepamtherapie oder als Alternative dazu indiziert.
Gastrointestinale Agenzien		
	Bethanechol	Zweck: Behandlung von Darmverschluss, Behandlung von gastroduodenalen Verengungen bei Fohlen, Behandlung wiederkehrender Verstopfungen des kleinen Kolons bei adulten Equiden. Alternativen: Metoclopramid, Erythromycin. Spezifische Vorteile: Bethanechol ist ein muscarinisch-cholinerger Agonist, der durch Stimulation der Acetylcholin-Rezeptoren der glatten Darmmuskeln dazu führt, dass diese sich kontrahieren. Es erhöht nachweislich die Häufigkeit der Entleerung von Magen und Caecum. Sowohl Bethanechol als auch Metoclopramid haben sich bei der Behandlung des postoperativen Darmverschlusses als nützlich erwiesen.
	Codein	Zweck: Behandlung von Diarrhö. Alternativen: basisches Bismutsalicylat. Spezifische Vorteile: andere Wirkungsweise als bei basischem Bismutsalicylat. Motilitätsregulierendes Opioid, das an den mu-Rezeptoren im Darm wirkt; effektive symptomatische Behandlung nichtinfektiöser Diarrhö, insbesondere bei Fohlen. Wird häufig in Kombination mit Loperamid eingesetzt. Da die Wirkungsweise der von Loperamid ähnlich ist, wird eine synergistische Wirkung erzielt.
	Loperamid	Zweck: Behandlung von Diarrhö bei Fohlen. Alternativen: basisches Bismutsalicylat. Spezifische Vorteile: andere Wirkungsweise als bei basischem Bismutsalicylat. Motilitätsregulierendes Opioid, das an den mu-Rezeptoren im Darm wirkt; effektivere symptomatische Behandlung nichtinfektiöser Diarrhö bei Fohlen als mit anderen Stoffen. Wird häufig in Kombination mit Codein eingesetzt. Da die Wirkungsweise der von Codein ähnlich ist, wird eine synergistische Wirkung erzielt.
	Metoclopramid	Zweck: Behandlung von postoperativem Darmverschluss. Alternativen: Bethanechol, Erythromycin.

Indikation	Stoff	Begründung und Erläuterung des Gebrauchs
		Spezifische Vorteile: Metoclopramid ist ein substituiertes Benzamid mit mehreren Wirkweisen: Erstens ist es ein Antagonist der Dopaminrezeptoren, zweitens erhöht es die Ausschüttung von Acetylcholin aus intrinsischen cholinergen Neuronen, und drittens blockiert es adrenerge Aktivität. Es stellt postoperativ die Magen-Darm-Koordinierung wieder her und verringert bei gastrischem Reflux dessen Umfang, Menge und Dauer. Metoclopramid ist ein prokinetisches Arzneimittel, das überwiegend auf den proximalen Teil des Magen-Darm-Trakts wirkt. Sowohl Bethanechol als auch Metoclopramid haben sich bei der Behandlung des postoperativen Darmverschlusses als nützlich erwiesen.
	Phenoxybenzamin	Zweck: Behandlung von Diarrhö; Kolitis. Alternativen: basisches Bismutsalicylat; Flunixin. Spezifische Vorteile: andere Wirkungsweise (α-1-Antagonist und sekretionshemmend) im Vergleich zu anderen zugelassenen Behandlungen und Codein. Nützliche symptomatische Behandlung von Diarrhö und Kolitis.
	Propanthelinbromid	Zweck: Antiperistaltikum. Alternativen: Atropin, Lidocain in verdünnter intrarektaler Verabreichung als Einlauf. Spezifische Vorteile: Propanthelinbromid ist ein synthetisches quaternäres Ammoniumpräparat, das anticholinerg wirkt, gastrointestinale Motilität und Spasmen hemmt und die Ausschüttung von Magensäure verringert. Außerdem hemmt es die Wirkung von Acetylcholin an den postganglionären Nervenendigungen des parasympathischen Nervensystems. Die Wirkung ähnelt der von Atropin, hält jedoch länger an (6 Stunden). Propanthelinbromid ist von Bedeutung zur Verringerung der Peristaltik bei rektaler Palpation, um einen Mastdarmriss zu verhindern oder zur Untersuchung und Behandlung eines Mastdarmrisses, falls ein Lidocain-Einlauf nicht richtig funktionieren kann.
	Ranitidin	Zweck: Prophylaxe gegen Magengeschwüre bei neugeborenen Fohlen. Alternativen: Omeprazol. Spezifische Vorteile: andere Wirkungsweise als bei Omeprazol. Der Verabreichungsweg (intravenös) bringt im Vergleich zu allen anderen Mitteln gegen Magengeschwüre zusätzlichen Nutzen, da diese oral verabreicht werden müssen. Intravenöse Ranitidinzubereitungen sind von wesentlicher Bedeutung bei Fohlen mit mangelnder gastrointestinaler Motilität, bei denen ein hohes Risiko von Magengeschwüren besteht.
	Sucralfat	Zweck: Prophylaxe gegen Magengeschwüre bei neugeborenen Fohlen. Alternativen: Omeprazol. Spezifische Vorteile: andere Wirkungsweise als bei Omeprazol und wertvolle Ergänzung der Prophylaxe gegen Magengeschwüre. Die einzigartige Wirkungsweise (Anhaftung an der Schleimhaut) bewirkt eine Stabilisierung im Hinblick auf physische Läsionen.
Rhabdomyolyse		
	Dantrolennatrium	Zweck: Behandlung der Rhabdomyolyse. Behandlung der malignen Hyperthermie während der Narkose. Alternativen: Phenytoin. Spezifische Vorteile: Dantrolen führt mittels direkter Einwirkung auf Muskeln zur Erschlaffung durch Verhinderung der Calciumausschüttung aus dem sarcoplasmatischen Reticulum, wodurch die Kopplung von Erregung und Kontraktion unterbunden wird. Sowohl Phenytoin als auch Dantrolennatrium haben sich zur Behandlung wiederkehrender Formen der Rhabdomyolyse als nützlich erwiesen.

Indikation	Stoff	Begründung und Erläuterung des Gebrauchs
Antimikrobielle Stoffe		
***Klebsiella*-spp.-Infektionen**	Ticarcillin	Zweck: Behandlung von Infektionen mit *Klebsiella* spp. Alternativen: keine bekannt. Spezifische Vorteile: Antibiotikum, das spezifisch gegen Infektionen mit *Klebsiella* spp. wirkt.
***Rhodococcus-equi*-Infektionen**	Azithromycin	Zweck: Behandlung von Infektionen mit *Rhodococcus equi*. Alternativen: Erythromycin. Spezifische Vorteile: Standardbehandlung in Kombination mit Rifampicin; wird von Fohlen besser vertragen als Erythromycin.
	Rifampicin	Zweck: Behandlung von Infektionen mit *Rhodococcus equi*. Alternativen: keine bekannt. Spezifische Vorteile: Behandlung von *Rhodococcus equi* in Kombination mit Erythromycin oder Azithromycin; Mittel der Wahl.
Septische Arthritis	Amikacin	Zweck: Behandlung der septischen Arthritis. Alternativen: Gentamicin oder andere Aminoglykoside. Spezifische Vorteile: wird von Fohlen besser vertragen als Gentamicin oder andere Aminoglykoside.
Arzneimittel des Atmungstrakts		
	Ambroxol	Zweck: Stimulierung der Surfactantbildung bei früh geborenen Fohlen. Alternativen: keine bekannt. Spezifische Vorteile: keine Alternativen vorhanden.
	Budesonid	Zweck: Inhalationskortikosteroid zur Bekämpfung allergischer Lungenerkrankungen. Alternativen: Beclometason. Spezifische Vorteile: Die Therapie mit einem Inhalationskortikosteroid bewirkt eine geringere Nebennierenrindensuppression mit einer schnelleren Wiederaufnahme der normalen Funktionen nach dem Abschluss der Therapie, und sie hat aufgrund einer begrenzten systemischen Absorption weniger systemische Nebenwirkungen als eine systemische Kortikosteroidtherapie. Eine Inhalation ermöglicht die Reduzierung der Dosis und den lokalen Einsatz hoher Wirkstoffkonzentrationen, wodurch die Wirksamkeit erhöht wird. Besonders nützlich bei milden bis moderaten Krankheitsverläufen und bei einer langfristigen Erhaltungstherapie. Zusätzliche Stoffe mit größerer Wirkstärke und anderer Wirkdauer als Beclometason sind zur Titrierung der Dosis basierend auf der klinischen Reaktion erforderlich und ermöglichen eine optimale Krankheitsbekämpfung. Die Wirkstärke von Budesonid liegt zwischen Beclometason und Fluticason.
	Fluticason	Zweck: Inhalationskortikosteroid zur Bekämpfung allergischer Lungenerkrankungen. Alternativen: Beclometason. Spezifische Vorteile: Die Therapie mit einem Inhalationskortikosteroid bewirkt eine geringere Nebennierenrindensuppression mit einer schnellen Wiederaufnahme der normalen Funktionen nach dem Abschluss der Therapie, und sie hat aufgrund einer begrenzten systemischen Absorption weniger systemische Nebenwirkungen als eine systemische Kortikosteroidtherapie. Eine Inhalation ermöglicht den lokalen Einsatz hoher Wirkstoffkonzentrationen, wodurch die Wirksamkeit erhöht wird. Besonders nützlich bei milden bis moderaten Krankheitsverläufen und bei einer langfristigen Erhaltungstherapie. Zusätzliche Stoffe mit größerer

Indikation	Stoff	Begründung und Erläuterung des Gebrauchs
		Wirkstärke und anderer Wirkdauer als Beclometason sind zur Titrierung der Dosis basierend auf der klinischen Reaktion erforderlich und ermöglichen eine optimale Krankheitsbekämpfung. Fluticason hat eine um 50 % höhere Wirkstärke als Beclometason und eine längere Halbwertszeit (6 Stunden gegenüber 2,8 Stunden), was in schwereren oder hartnäckigen Fällen von zusätzlichem Nutzen ist.
	Ipratropiumbromid	Zweck: Bronchodilation. Alternativen: keine bekannt. Spezifische Vorteile: anticholinerge Wirkung. Als therapeutische Wahl benötigt, da es in manchen Fällen wirksamer ist als β-Agonisten.
	Oxymetazolin	Zweck: Behandlung von Nasenödemen. Alternativen: Phenylephrin. Spezifische Vorteile: Agonist der α-Adrenoceptoren mit starker blutgefäßverengender Wirkung; wird wegen der längeren Wirkdauer dem Phenylephrin vorgezogen.
Antiprotozoika		
	Isometamidium	Zweck: Behandlung der equinen protozoären Myeloenzephalitis (EPM). Alternativen: Pyrimethamin. Spezifische Vorteile: Die Krankheit spricht manchmal auf die Behandlung mit Pyrimethamin nicht an, deswegen wird eine Alternative benötigt.
	Ponazuril	Zweck: Behandlung der equinen protozoären Myelitis (Sarcocystis neurona). Alternativen: Isometamidium, Pyrimethamin. Spezifische Vorteile: andere Wirkungsweise als bei anderen zugelassenen Stoffen, nützlich als alternative Therapie, wenn andere Behandlungen nicht anschlagen. Geringere Inzidenz von Nebenwirkungen (Diarrhö) im Vergleich zur Behandlung mit Pyrimethamin/Sulfonamiden; höhere klinische Wirksamkeit im Vergleich zu Isometamidium und Pyrimethamin.
	Pyrimethamin	Zweck: Behandlung der equinen protozoären Myeloenzephalitis (EPM). Alternativen: Isometamidium. Spezifische Vorteile: Behandlung bei Verwendung zusammen mit Sulfadiazin-Sulfonamid mindestens zu 75 % erfolgreich.
Ophthalmika		
Augengeschwüre	Acyclovir	Zweck: Behandlung von Augengeschwüren (antivirales Arzneimittel). Örtliche Anwendung. Alternativen: Idoxuridin. Spezifische Vorteile: Sowohl Acyclovir als auch Idoxuridin haben sich als gleichermaßen wirksam bei der Behandlung der ulzerierenden Herpes-Keratitis erwiesen.
	Idoxuridin	Zweck: Behandlung von Augengeschwüren (antivirales Arzneimittel). Örtliche Anwendung. Alternativen: Acyclovir. Spezifische Vorteile: Sowohl Acyclovir als auch Idoxuridin haben sich als gleichermaßen wirksam bei der Behandlung der ulzerierenden Herpes-Keratitis erwiesen.

Indikation	Stoff	Begründung und Erläuterung des Gebrauchs
Glaukom	Phenylephrin	Zweck: Behandlung von Glaukom, Epiphora, Nasenödem und Einklemmung der Milz. Alternativen: Tropicamid (bei Glaukom), sonst keine bekannt. Spezifische Vorteile: Sowohl Phenylephrin als auch Tropicamid haben sich als gleichermaßen wirksam bei der Behandlung von Glaukom erwiesen.
	Tropicamid	Zweck: Behandlung von Glaukom. Örtliche Anwendung. Alternativen: Phenylephrin. Spezifische Vorteile: Sowohl Phenylephrin als auch Tropicamid haben sich als gleichermaßen wirksam bei der Behandlung von Glaukom erwiesen.
	Dorzolamid	Zweck: Behandlung von Glaukom. Örtliche Anwendung. Alternativen: Latanoprost, Timololmaleat. Spezifische Vorteile: wirkt spezifisch als Hemmer der Carboanhydrase. Große therapeutische Bedeutung.
	Latanoprost	Zweck: Behandlung von Glaukom. Örtliche Anwendung. Alternativen: Dorzolamid, Timololmaleat. Spezifische Vorteile: wirkt spezifisch als Analogon von Prostaglandin-F2α. Große therapeutische Bedeutung.
	Timololmaleat	Zweck: Behandlung von Glaukom. Örtliche Anwendung. Alternativen: Dorzolamid, Latanoprost. Spezifische Vorteile: Die spezifische Wirkungsweise als unselektiver Blocker ß-adrenerger Rezeptoren führt zu Gefäßverengungen, wodurch das Augenkammerwasser abnimmt. Große therapeutische Bedeutung.
	Cyclosporin A	Zweck: Immunsuppressivum, das zur Behandlung von Autoimmunkrankheiten des Auges verwendet wird. Alternativen: keine bekannt. Spezifische Vorteile: keine Alternativen vorhanden.
	Ketorolac	Zweck: Behandlung von Augenschmerzen und -entzündungen; nicht steroider Entzündungshemmer; Augentropfen; örtliche Anwendung. Alternativen: keine bekannt. Spezifische Vorteile: Verglichen mit anderen in Frage kommenden wesentlichen Stoffen ist bei Ketorolac die klinische Erfahrung am größten.
	Ofloxacin	Zweck: Behandlung von Augeninfektionen, die gegen die üblichen ophthalmischen Antibiotika resistent sind. Alternativen: keine bekannt. Spezifische Vorteile: Verglichen mit anderen in Frage kommenden wesentlichen Stoffen ist bei Ofloxacin die klinische Erfahrung am größten. Verglichen mit den üblichen ophthalmischen Antibiotika sollte Ofloxacin nur als Reserveantibiotikum in Einzelfällen eingesetzt werden.
	Fluorescein	Zweck: Diagnostikum für Hornhautgeschwüre; örtliche Anwendung. Alternativen: Bengalrosa.

Indikation	Stoff	Begründung und Erläuterung des Gebrauchs
		Spezifische Vorteile: Bengalrosa wirkt leicht antiviral, während Fluorescein keine signifikante Wirkung auf die Virusreplikation hat. Daher ist es möglich, dass die Verwendung von Bengalrosa zu diagnostischen Zwecken im Vorfeld einer Virenkultur einen positiven Befund ausschließt. Somit ist Fluorescein das diagnostische Mittel der Wahl, wenn eine Virenkultur geplant ist.
	Bengalrosa	Zweck: Diagnostikum zur Früherkennung von Hornhautschäden; örtliche Anwendung. Alternativen: Fluorescein. Spezifische Vorteile: Bengalrosa ist das diagnostische Mittel der Wahl zur Feststellung einer beginnenden Hornhautschädigung.
Hyperlipämie		
	Insulin	Zweck: Behandlung von Hyperlipämie, in Kombination mit einer Glucosetherapie; Diagnose von Stoffwechselstörungen. Alternativen: keine bekannt. Spezifische Vorteile: keine Alternativen vorhanden.
Pilzinfektionen		
	Griseofulvin	Zweck: systemisches antimykotisches Mittel. Behandlung von Borken-, Glatzflechte. Alternativen: keine bekannt. Spezifische Vorteile: oral verabreichtes Griseofulvin wirkt gut gegen Trichophyton, Microsporum und Epidermophyton.
	Ketoconazol	Zweck: systemisches antimykotisches Mittel. Behandlung der Pilzpneumonie und der Luftsackmykose. Alternativen: keine bekannt. Spezifische Vorteile: verglichen mit anderen in Frage kommenden wesentlichen Stoffen ist bei Ketoconazol die klinische Erfahrung am größten.
	Miconazol	Zweck: Behandlung von Pilzinfektionen des Auges. Alternativen: keine bekannt. Spezifische Vorteile: örtliche Anwendung am betroffenen Auge, breitere antimykotische Aktivität und/oder weniger irritierend als andere Antimykotika.
	Nystatin	Zweck: Behandlung von Hefeinfektionen an Augen und Genitaltrakt. Alternativen: keine bekannt. Spezifische Vorteile: spezifische Wirkung gegen Hefeinfektionen.
Diagnostische Bildgebung		
	Radiopharmakon Tc99m	Zweck: Szintigraphie. Alternativen: keine bekannt. Spezifische Vorteile: Schonendstes diagnostisches Bildgebungsverfahren zur frühzeitigen Feststellung von Knochenverletzungen und -brüchen — schonender als radiographische Verfahren. Ermöglicht eine Quantifizierung und die Bildgebung von Körperregionen, die bei der Radiographie nicht zugänglich sind. Wesentliches Bildgebungsverfahren, welches das Wohlergehen von Leistungspferden gewährleistet, da es die frühzeitige Feststellung von Verletzungen und die Vermeidung schwerer Knochenbrüche ermöglicht. Die kurze Halbwertszeit (6,01 Stunden) von Tc99m bewirkt, dass das Pferd schnell wieder frei von nachweisbarer Radioaktivität ist (< 72 Stunden).

Indikation	Stoff	Begründung und Erläuterung des Gebrauchs
Verschiedenes		
	Carbamazepin	Zweck: Headshaking-Syndrom. Alternativen: keine bekannt. Spezifische Vorteile: Carbamazepin wirkt krampflösend und blockiert die Natriumkanäle. Wird hauptsächlich zur Behandlung und diagnostischen Bestätigung der Trigeminusneuralgie (Headshaking-Syndrom) eingesetzt.
	Cyproheptadin	Zweck: Headshaking-Syndrom. Alternativen: keine bekannt. Spezifische Vorteile: Pferde mit Anzeichen von photischem Headshaking sprechen gut auf eine Behandlung mit dem Antihistaminikum Cyproheptadin an. Neben seiner antihistaminen Wirkung hat Cyproheptadin auch anticholinerge Wirkung und ist ein 5-Hydroxytryptamin-(Serotonin-)Antagonist. Die Symptome bessern sich in der Regel innerhalb von 24 Stunden nach Beginn der Therapie mit Cyproheptadin, treten aber häufig innerhalb von 24 Stunden nach dem Ende der Therapie wieder auf. Andere Antihistaminika zeigen bei der Behandlung des Headshaking-Syndroms keine Wirkung.
	Domperidon	Zweck: Milchmangel bei Stuten. Alternativen: keine bekannt. Spezifische Vorteile: Dopaminantagonist; fördert die Produktion von Prolactin. Oxytocin ist keine brauchbare Alternative, da es im Gegensatz zu der mit Domperidon bezweckten Erhöhung der Milchproduktion zu einer Verringerung führt. Außerdem können hochdosierte Gaben von Oxytocin zu Koliken führen.
	Gabapentin	Zweck: neuropathische Schmerzen. Alternativen: Buprenorphin, Fentanyl, Morphin, Pethidin. Spezifische Vorteile: andere Wirkungsweise und anderer Wirkungsort als bei alternativen zugelassenen Stoffen. GABA-ähnlicher Stoff, der die Calciumkanäle blockiert und die Bildung neuer Synapsen hemmt. Neuartige Behandlung bei neuropathischen Schmerzen; die Erkenntnisse legen einen zusätzlichen klinischen Nutzen bei der Behandlung solcher Schmerzen nahe, z. B. bei Beinschmerzen, Laminitis und Bauchschmerzen.
	Hydroxyethylstärke	Zweck: kolloidaler Volumenersatz. Alternativen: keine bekannt. Spezifische Vorteile: praktische und überall erhältliche Alternative zu Blut oder Plasma.
	Imipramin	Zweck: mit Pharmaka herbeigeführte Ejakulation bei Hengsten mit einer Dysfunktion. Alternativen: keine bekannt. Spezifische Vorteile: keine Alternativen vorhanden.
	Thyreotropin-Releasing-Hormon (Thyreoliberin)	Zweck: Diagnostikum zur Bestätigung von Störungen der Schilddrüse und der Hypophyse. Alternativen: keine bekannt. Spezifische Vorteile: keine Alternativen vorhanden.
	Bariumsulfat	Zweck: Röntgen-Kontrastmittel für Kontrastuntersuchungen von Ösophagus und Magen-Darm-Trakt. Alternativen: keine bekannt. Spezifische Vorteile: keine Alternativen vorhanden.

Indikation	Stoff	Begründung und Erläuterung des Gebrauchs
	Iohexol	Zweck: Röntgen-Kontrastmittel für Untersuchungen der abführenden Harnwege, Arthrographie, Myelographie, Sino- oder Fistulographie und Dacryocystographie. Alternativen: Iopamidol. Spezifische Vorteile: nichtionisches Kontrastmittel mit niedriger Osmolarität. Iohexol und Iopamidol sind gleichermaßen brauchbar.
	Iopamidol	Zweck: Röntgen-Kontrastmittel für Untersuchungen der abführenden Harnwege, Arthrographie, Myelographie, Sino- oder Fistulographie und Dacryocystographie. Alternativen: Iohexol. Spezifische Vorteile: nichtionisches Kontrastmittel mit niedriger Osmolarität. Iohexol und Iopamidol sind gleichermaßen brauchbar.“